FSC
www.fsc.org
MIX
Papier aus verantwortungsvollen Quellen
Paper from responsible sources
FSC® C105338

AF206050

Herstellung und Verlag: BoD – Books on Demand, Norderstedt
ISBN: 9783750442023